colegio - escola	2
viaje - viagem	5
transporte - transporte	8
ciudad - cidade	10
paisaje - paisagem	14
restaurante - restaurante	17
supermercado - supermercado	20
bebidas - bebidas	22
comida - comida	23
granja - fazenda	27
casa - casa	31
living - sala de estar	33
cocina - cozinha	35
baño - banheiro	38
cuarto de los chicos - quarto de criança	42
ropa - vestuário	44
oficina - escritório	49
economía - economia	51
ocupaciones - profissões	53
herramientas - ferramentas	56
instrumentos musicales - instrumentos musicais	57
zoológico - zoológico	59
deportes - esportes	62
actividades - atividades	63
familia - família	67
cuerpo - corpo	68
hospital - hospital	72
emergencia - emergência	76
Tierra - Terra	77
reloj - relógio	79
semana - semana	80
año - ano	81
formas - formas	83
colores - cores	84
opuestos - opostos	85
números - números	88
idiomas - idiomas	90
quién / qué / cómo - quem / o quê / como	91
dónde - onde	92

Impressum
Verlag: BABADADA GmbH, Nedderfeld 112 , 22529 Hamburg
Geschäftsführer / Verlagsleitung: Harald Hof
Druck: Books on Demand GmbH, In de Tarpen 42, 22848 Norderstedt

Imprint
Publisher: BABADADA GmbH, Nedderfeld 112 , 22529 Hamburg, Germany
Managing Director / Publishing direction: Harald Hof
Print: Books on Demand GmbH, In de Tarpen 42, 22848 Norderstedt

colegio
escola

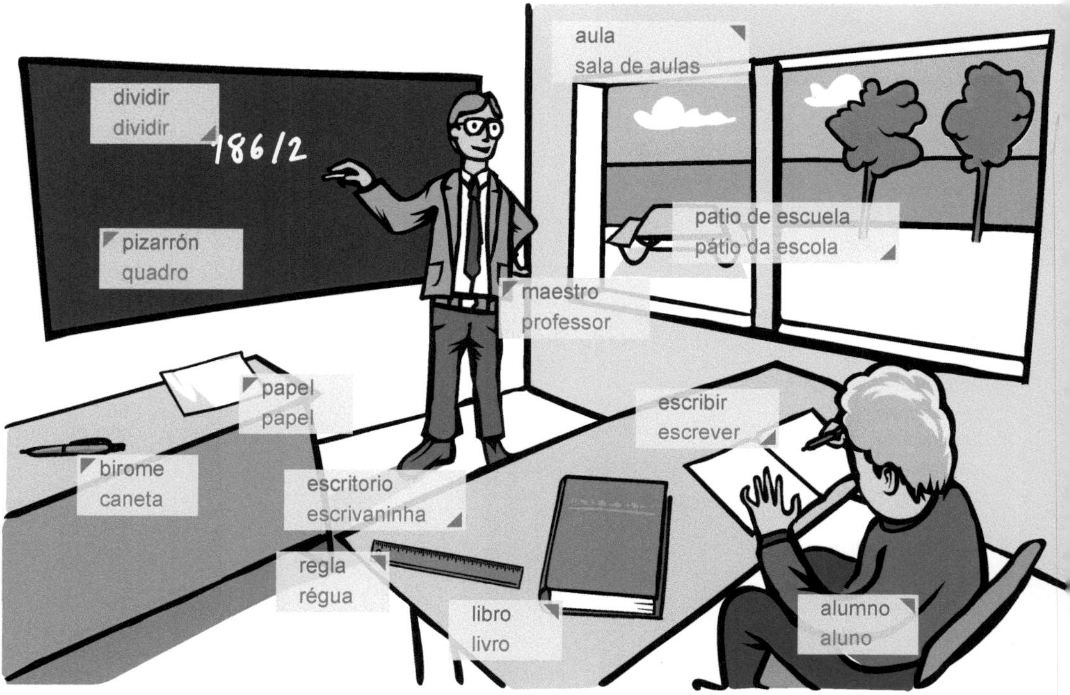
aula
sala de aulas
dividir
dividir
186/2
pizarrón
quadro
patio de escuela
pátio da escola
maestro
professor
papel
papel
escribir
escrever
birome
caneta
escritorio
escrivaninha
regla
régua
libro
livro
alumno
aluno

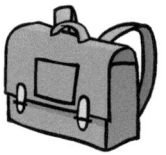

mochila

sacola

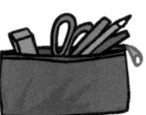

caja de lápices

estojo de lápis

lápiz

lápis

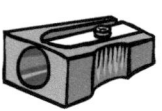

sacapuntas

apontador de lápis

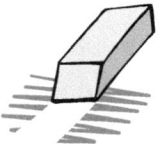

goma (de borrar)

borracha

bloc de dibujo

bloco de desenho

dibujo
desenho

pincel
pincel

caja de pinturas
estojo de tintas

tijera
tesoura

pegamento
cola

cuaderno de ejercicios
livro de exercícios

tarea
lição de casa

número
número

2+2

sumar
somar

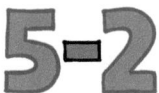

restar
subtrair

multiplicar
multiplicar

calcular
calcular

letra
letra

ABCDEFG
HIJKLMN
OPQRSTU
VWXYZ

abecedario
alfabeto

palabra
palavra

texto
texto

leer
ler

tiza
giz

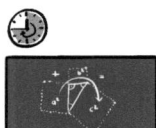

lección
hora

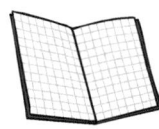

cuaderno de clase
registro da classe

examen
exame

certificado
certificado

uniforme escolar
uniforme escolar

educación
educação

enciclopedia
enciclopédia

universidad
universidade

microscopio
microscópio

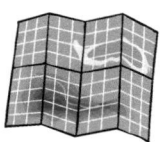

mapa
mapa

tacho (de basura)
cesto de lixo

hotel
hotel

Grand

hostel
albergue

ROOMS

casa de cambio
casa de câmbio

EXCHANGE

D

valija
mala

auto
carro

idioma
idioma

sí / no
sim / não

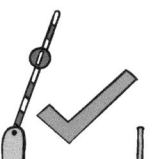

Está bien
ok

hola
Olá

traductor
tradutor

Gracias
obrigado

¿cuánto cuesta...?

quanto custa...?

No entiendo

eu não entendo

problema

problema

¡Buenas tardes!

boa noite!

¡Buenos días!

Bom dia!

¡Buenas noches!

Boa noite!

adiós

até logo

dirección

direção

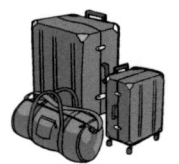

equipaje

bagagem

bolso

bolsa

mochila

mochila

invitado

convidado

habitación

quarto

bolsa de dormir

saco de dormir

carpa

barraca

información turística

informação turística

playa

praia

tarjeta de crédito

cartão de crédito

desayuno

café da manhã

almuerzo

almoço

cena

jantar

pasaje

bilhete

ascensor

elevador

sello

selo

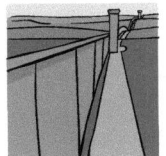

frontera

fronteira

aduana

alfândega

embajada

embaixada

visa

visto

pasaporte

passaporte

transporte
transporte

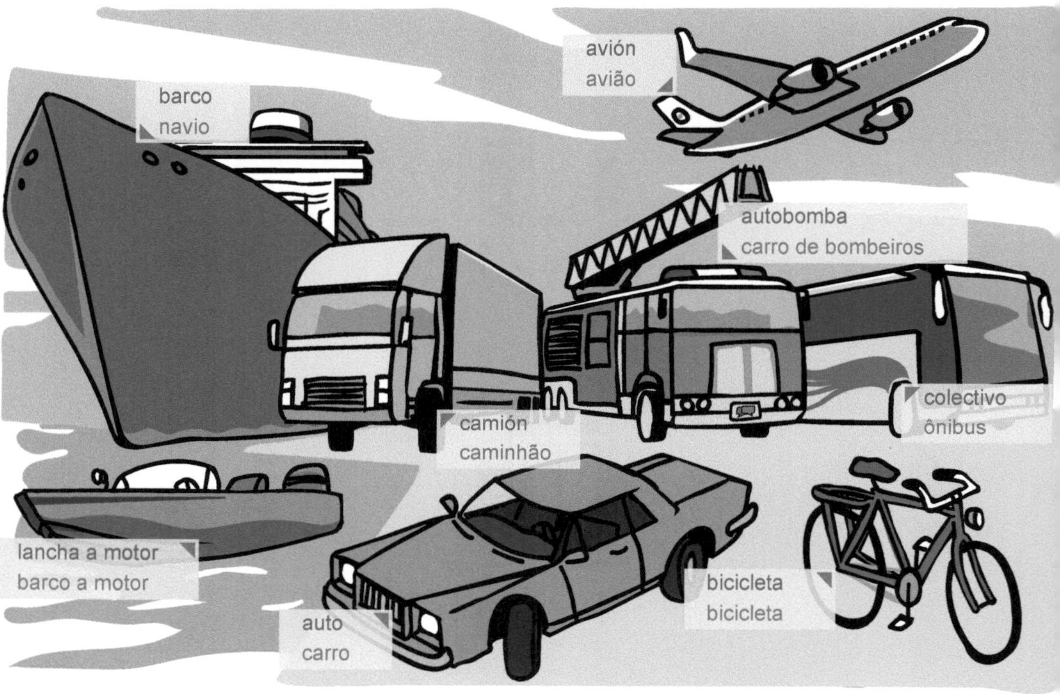

avión
avião
barco
navio
autobomba
carro de bombeiros
colectivo
ônibus
camión
caminhão
lancha a motor
barco a motor
bicicleta
bicicleta
auto
carro

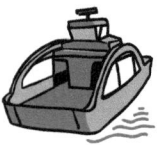

ferry
balsa

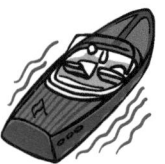

bote
barco

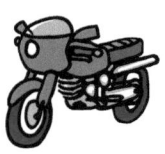

moto
motocicleta

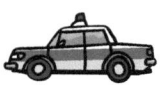

patrullero
veículo policial

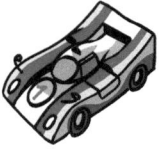

auto de carreras
carro de corrida

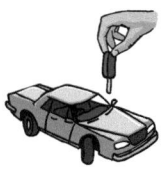

auto de alquiler
carro de aluguel

alquiler de autos

compartilhamento de automóvel

grúa

caminhão de reboque

camión de basura

caminhão de lixo

motor

motor

nafta

combustível

estación de servicio

posto de gasolina

señal de tránsito

placa de trânsito

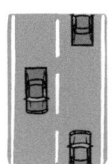

tránsito

trânsito

embotellamiento

trânsito lento

estacionamiento

estacionamento

estación de tren

estação de trem

vías

trilhos

tren

trem

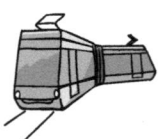

tranvía

bonde

vagón

vagão

helicóptero

helicóptero

aeropuerto

aeroporto

torre

torre

pasajero

passageiro

contenedor

contêiner

caja de cartón

cartolina

carretilla

carroça

canasta

cesto

despegar / aterrizar

decolar / pousar

ciudad
cidade

pueblo

vilarejo

centro de ciudad

centro da cidade

casa

casa

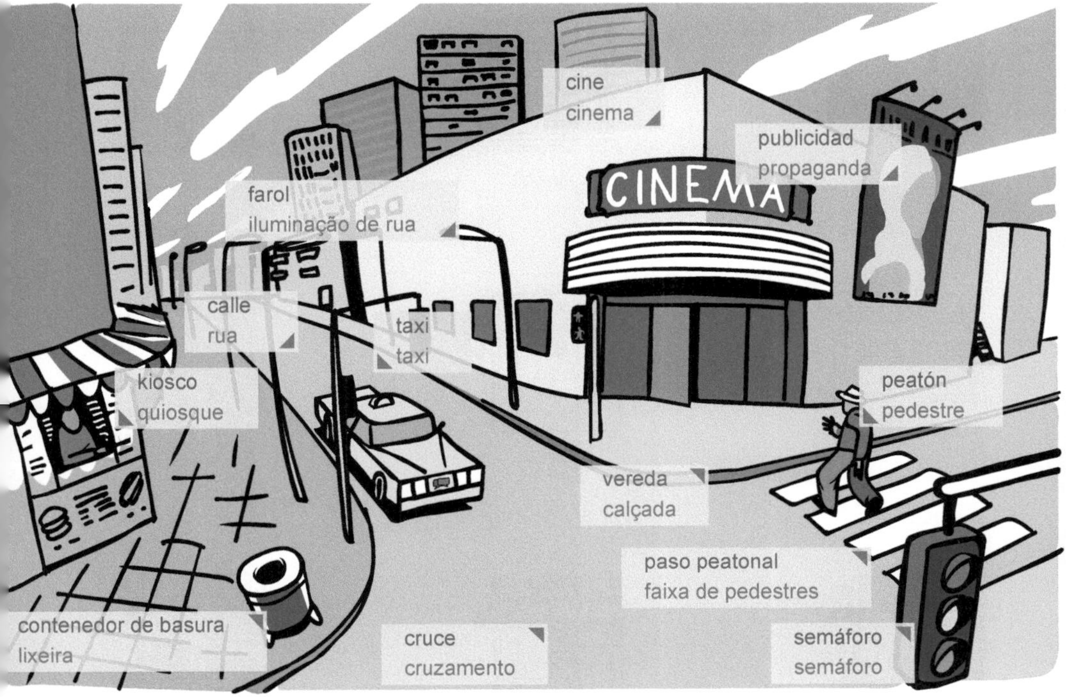

cine
cinema
publicidad
propaganda
CINEMA
farol
iluminação de rua
calle
rua
taxi
taxi
kiosco
quiosque
peatón
pedestre
vereda
calçada
paso peatonal
faixa de pedestres
contenedor de basura
lixeira
cruce
cruzamento
semáforo
semáforo

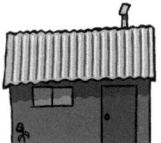

cabaña

cabana

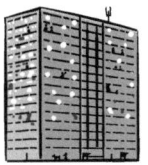

departamento

apartamento

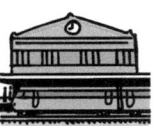

estación de tren

estação de trem

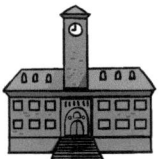

municipalidad

prefeitura

MUSEUM

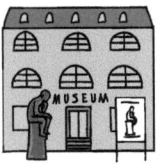

museo

museu

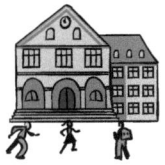

colegio

escola

universidad

universidade

banco

banco

hospital

hospital

hotel

hotel

farmacia

farmácia

oficina

escritório

librería

livraria

negocio

loja

florería

floricultura

supermercado

supermercado

mercado

mercado

grandes tiendas

loja de departamentos

pescadería

peixaria

centro comercial

centro comercial

puerto

porto

parque
parque

banco
banco

puente
ponte

escaleras
escadas

subte
metrô

túnel
túnel

parada del colectivo
ponto de ônibus

bar
bar

restaurante
restaurante

buzón
caixa de correspondência

letrero
placa de rua

parquímetro
parquímetro

zoológico
zoológico

pileta
piscina

mezquita
mesquita

granja
fazenda

contaminación
poluição

cementerio
cemitério

iglesia
igreja

juegos infantiles
parquinho

templo
templo

paisaje

paisagem

hoja
folha

poste indicador
placa de sinalização

camino
caminho

pradera
gramado

piedra
pedra

excursionista
caminhantes

árbol
árvore

río
rio

hierba
grama

flor
flor

valle
vale

montaña
montanha

lago
lago

bosque
floresta

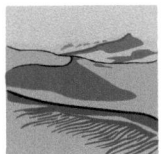

desierto
deserto

volcán
vulcão

castillo
castelo

arco iris
arco-íris

champiñón
cogumelo

palmera
palmeira

mosquito
mosquito

mosca
mosca

hormiga
formiga

abeja
abelha

araña
aranha

escarabajo
besouro

rana
sapo

ardilla
esquilo

erizo
ouriço

liebre
lebre

lechuza
coruja

pájaro
pássaro

cisne
cisne

jabalí
javali

ciervo
veado

alce
alce

presa
barragem

aerogenerador
aerogerador

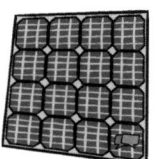

panel solar
painel solar

clima
clima

restaurante
restaurante

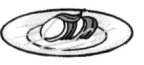

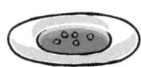

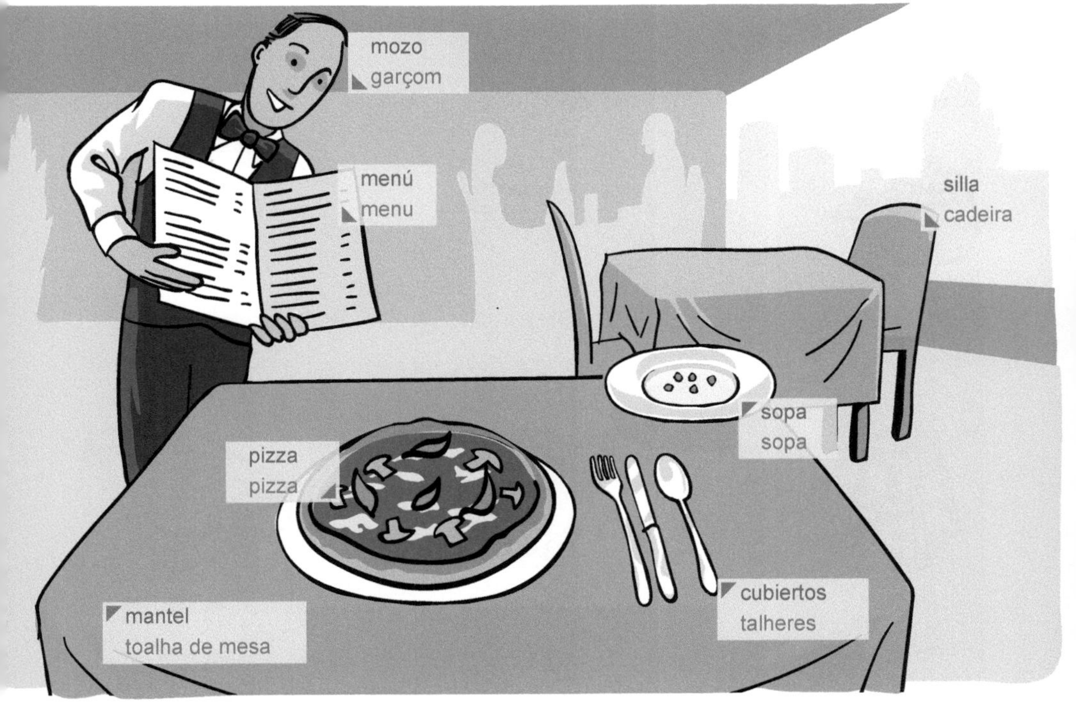
mozo
garçom
menú
menu
silla
cadeira
sopa
sopa
pizza
pizza
cubiertos
talheres
mantel
toalha de mesa

entrada
entrada

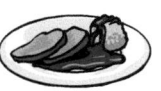

plato principal
prato principal

postre
sobremesa

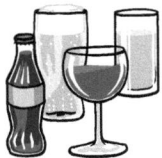

bebidas
bebidas

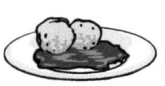

comida
comida

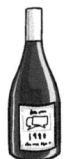

botella
garrafa

comida rápida

fastfood

comida callejera

comida de rua

tetera

bule de chá

azucarera

açucareiro

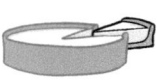

porción

porção

cafetera expreso

máquina de expresso

sillita alta

cadeirão

cuenta

conta

bandeja

bandeja

cuchillo

faca

tenedor

garfo

cuchara

colher

cucharita

colher de chá

servilleta

guardanapo

vaso

copo

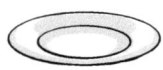

plato
....
prato

plato hondo
....
prato de sopa

plato
....
pires

salsa
....
molho

salero
....
saleiro

molinillo de pimienta
....
moedor de pimenta

vinagre
....
vinagre

aceite
....
óleo

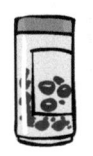

especias
....
especiarias

kétchup
....
ketchup

mostaza
....
mostarda

mayonesa
....
maionese

supermercado
supermercado

oferta especial
oferta especial
cliente
cliente
lácteos
laticínios
fruta
frutas
changuito
carrinho de compras
FOR

BUTCHERS

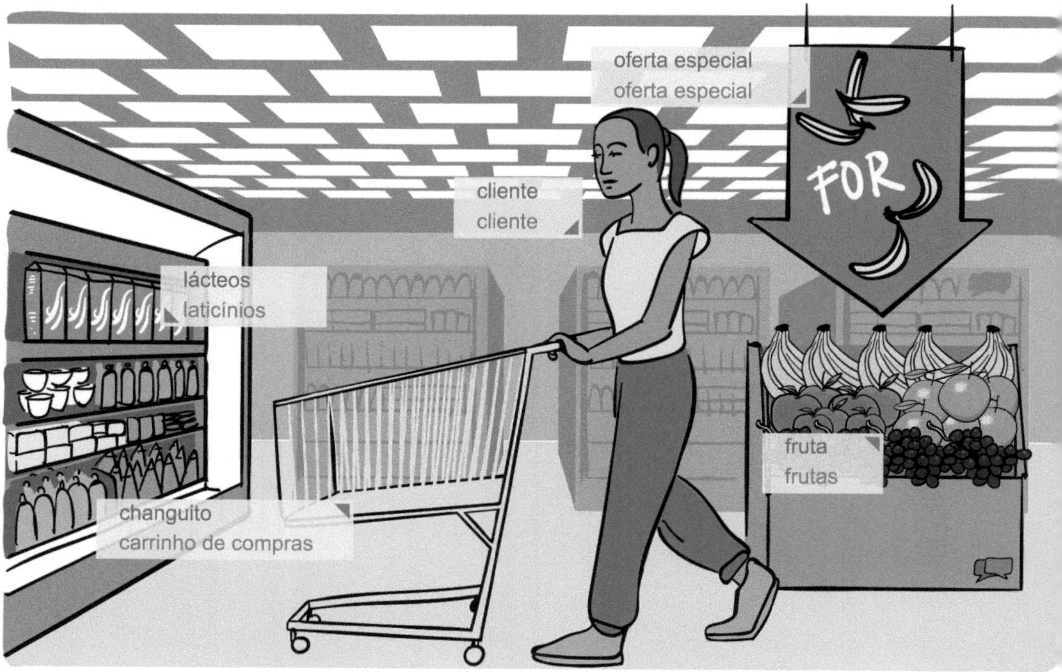

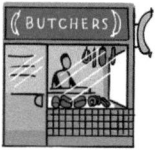

carnicería

açougue

BAKERY

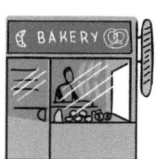

panadería

padaria

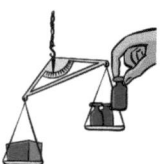

pesar

pesar

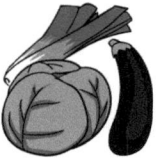

verduras

legumes

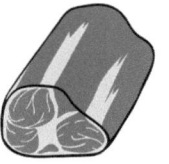

carne

carne

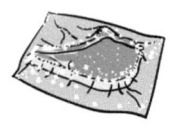

alimentos congelados

congelados

fiambres

charcutaria

alimentos enlatados

conservas

detergente en polvo

detergente em pó

golosinas

doces

electrodomésticos

artigos domésticos

productos de limpieza

produtos de limpeza

vendedora

vendedora

caja

caixa

cajero

caixa

lista de compras

lista de compras

horario de atención

horário de funcionamento

billetera

carteira

tarjeta de crédito

cartão de crédito

cartera

sacola

bolsa de plástico

saco plástico

bebidas

agua

água

jugo

suco

leche

leite

bebida cola

coca-cola

vino

vinho

cerveza

cerveja

alcohol

álcool

cacao

cacau

té

chá

café

café

café expreso

expresso

cappuccino

cappuccino

banana
banana

manzana
maçã

naranja
laranja

melón
melão

limón
limão

zanahoria
cenoura

ajo
alho

bambú
bambu

cebolla
cebola

champiñón
cogumelo

nueces
nozes

fideos
macarrão

tallarines

espaguete

arroz

arroz

ensalada

salada

papas fritas

batatas fritas

papas fritas

batatas frias

pizza

pizza

hamburguesa

hambúrger

sándwich

sanduíche

churrasco

escalope

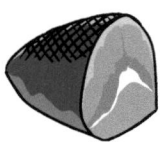

jamón

presunto

salame

salame

salchicha

salsicha

pollo

galinha

asado

assado

pescado

peixe

copos de avena

flocos de aveia

muesli

granola

copos de maíz

flocos de milho

harina

farinha

medialuna

croissant

pancito

pãozinho

pan

pão

tostada

torrada

galletitas

biscoitos

manteca

manteiga

cuajada

requeijão

torta

bolo

huevo

ovo

huevo frito

ovo frito

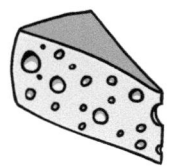

queso

queijo

helado
sorvete

azúcar
açúcar

miel
mel

mermelada
geleia

pasta de chocolate
creme de avelãs

curry
curry

granja
fazenda

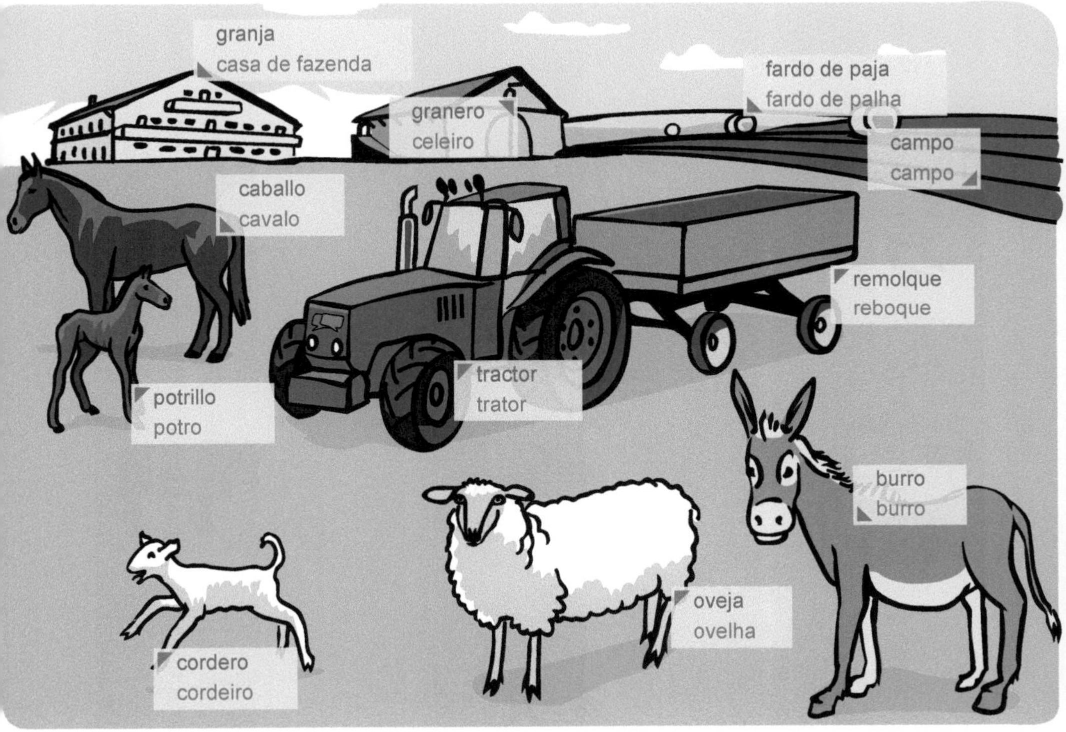
granja
casa de fazenda
granero
celeiro
fardo de paja
fardo de palha
campo
campo
caballo
cavalo
remolque
reboque
tractor
trator
potrillo
potro
burro
burro
oveja
ovelha
cordero
cordeiro

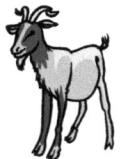

cabra
cabra

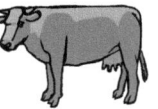

vaca
vaca

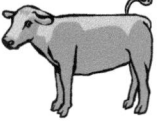

ternero
bezerro

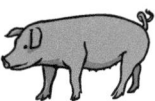

cerdo
porco

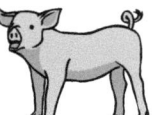

lechón
leitão

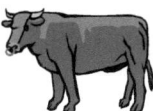

toro
touro

ganso
ganso

pato
pato

pollo
pintinho

gallina
galinha

gallo
galo

rata
ratazana

gato
gato

ratón
camundongo

buey
boi

perro
cachorro

cucha
casinha do cachorro

manguera
mangueira de jardim

regadera
regador

guadaña
foice

arado
arado

hoz

foice

azada

enxada

horquilla

forquilha

hacha

machado

carretilla

carrinho de mão

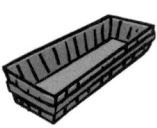

abrevadero

manjedoura

lechera

jarra de leite

bolsa

saco

reja

cerca

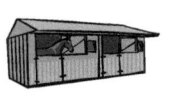

establo

estábulo

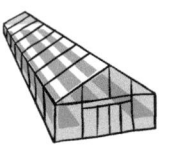

invernadero

estufa

suelo

solo

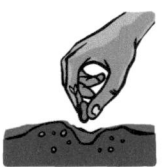

semilla

semente

fertilizador

fertilizante

cosechadora

colheitadeira

cosechar
colher

cosecha
colheita

batatas
inhame

trigo
trigo

soja
soja

papa
batata

maíz
milho

semilla de colza
colza

árbol frutal
árvore frutífera

mandioca
mandioca

cereales
cereais

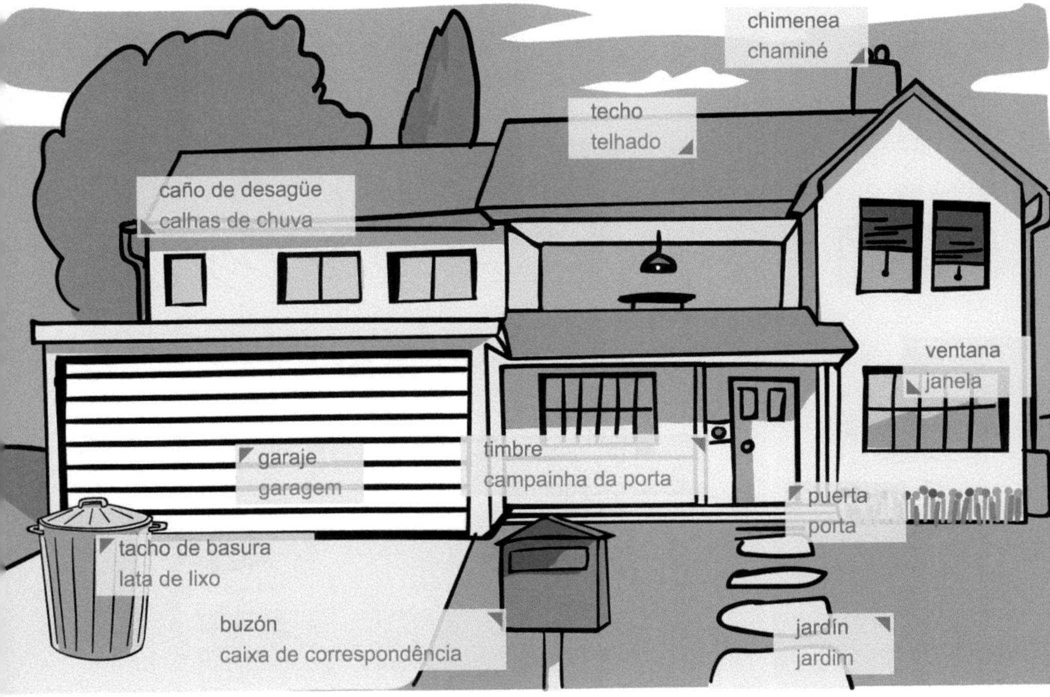

chimenea
chaminé

techo
telhado

caño de desagüe
calhas de chuva

ventana
janela

garaje
garagem

timbre
campainha da porta

puerta
porta

tacho de basura
lata de lixo

buzón
caixa de correspondência

jardín
jardim

living

sala de estar

baño

banheiro

cocina

cozinha

dormitorio

quarto de dormir

cuarto de los chicos

quarto de criança

comedor

sala de jantar

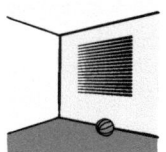

piso

chão

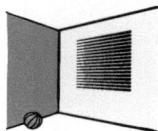

pared

parede

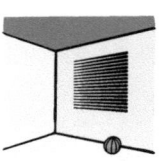

cielorraso

teto

sótano

porão

sauna

sauna

balcón

varanda

terraza

terraço

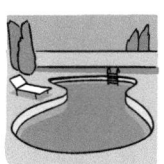

pileta

piscina

cortadora de pasto

cortador de grama

sábana

lençol

acolchado

coberta

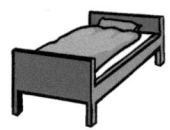

cama

cama

escoba

vassoura

balde

balde

interruptor

interruptor

living

sala de estar

empapelado
papel de parede
imagen
quadro
lámpara
lâmpada
estante
prateleira
armario
armário
televisión
televisão
chimenea
lareira
flor
flor
almohadón
travesseiro
sofá
sofá
florero
vaso
control remoto
controle remoto

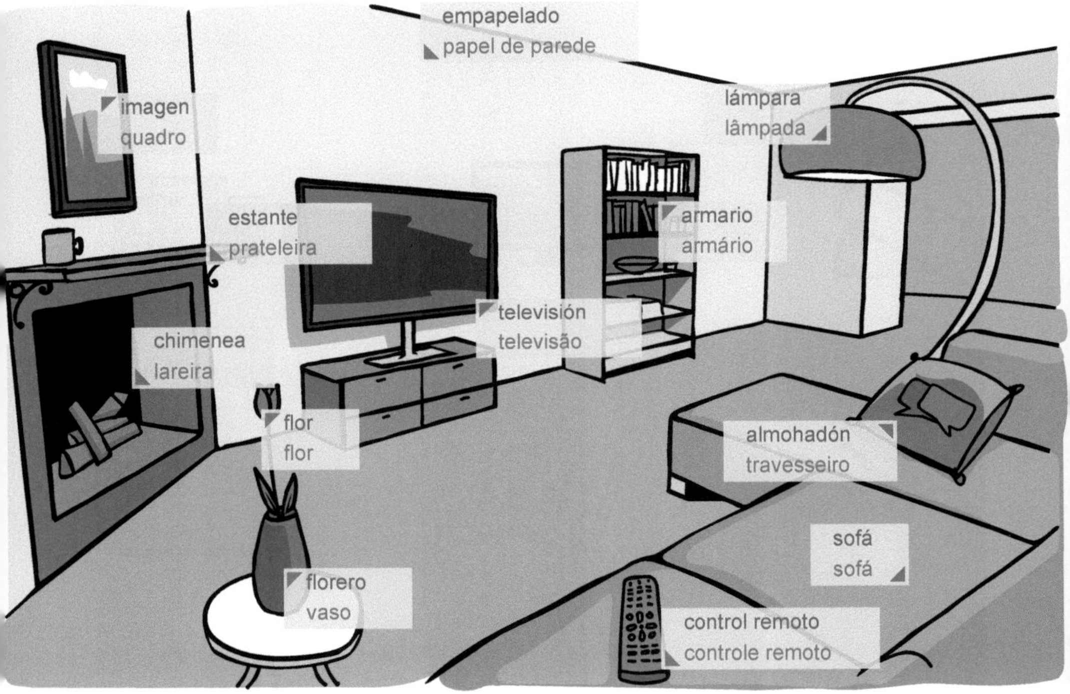

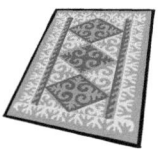

alfombra

tapete

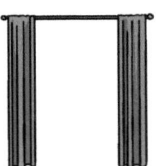

cortina

cortina

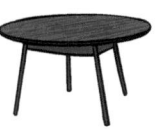

mesa

mesa

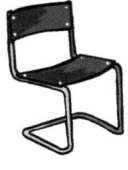

silla

cadeira

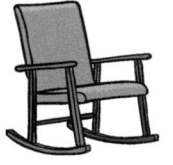

mecedora

cadeira de balanço

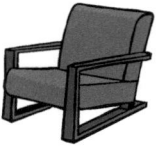

sillón

poltrona

libro
livro

frazada
cobertor

decoración
decoração

leña
lenha

película
filme

equipo de música
equipamento de som

llave
chave

diario
jornal

pintura
pintura

póster
pôster

radio
rádio

cuaderno
bloco de notas

aspiradora
aspirador

cactus
cacto

vela
vela

cocina
cozinha

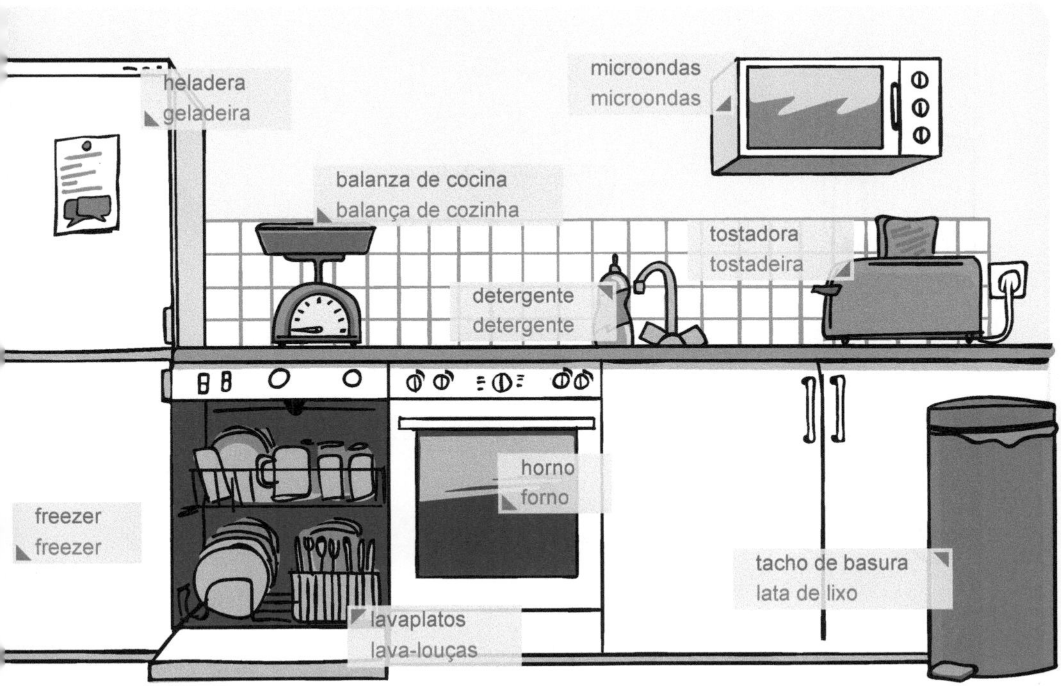
heladera
geladeira
microondas
microondas
balanza de cocina
balança de cozinha
tostadora
tostadeira
detergente
detergente
horno
forno
freezer
freezer
tacho de basura
lata de lixo
lavaplatos
lava-louças

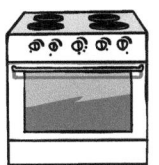

cocina

fogão

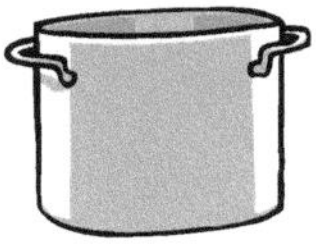

olla

panela

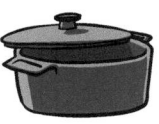

olla de hierro fundido

panela de ferro

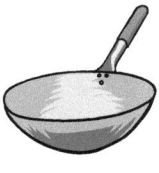

wok

wok / kadai

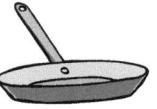

sartén

frigideira

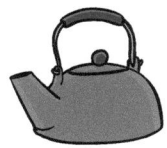

pava

chaleira

vaporera

panela a vapor

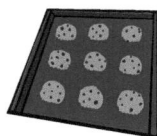

bandeja de horno

tabuleiro de forno

vajilla

louça

taza

caneca

bol

caçarola

palitos

hashi

cucharón

concha de sopa

estpátula

espátula

batidora

batedor

colador

escorredor

colador

peneira

rallador

ralador

mortero

almofariz

parrilla

churrasqueira

fogata

lareira

tabla de picar

tábua de cortar

palo de amasar

rolo da massa

sacacorchos

saca-rolhas

lata

lata

abrelatas

abridor de latas

manopla

pegador de panela

pileta

pia

cepillo

escova

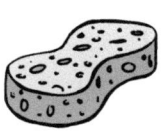

esponja

esponja

batidora

liquidificador

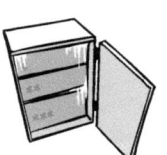

congelador

congelador

mamadera

mamadeira

canilla

torneira

baño

banheiro

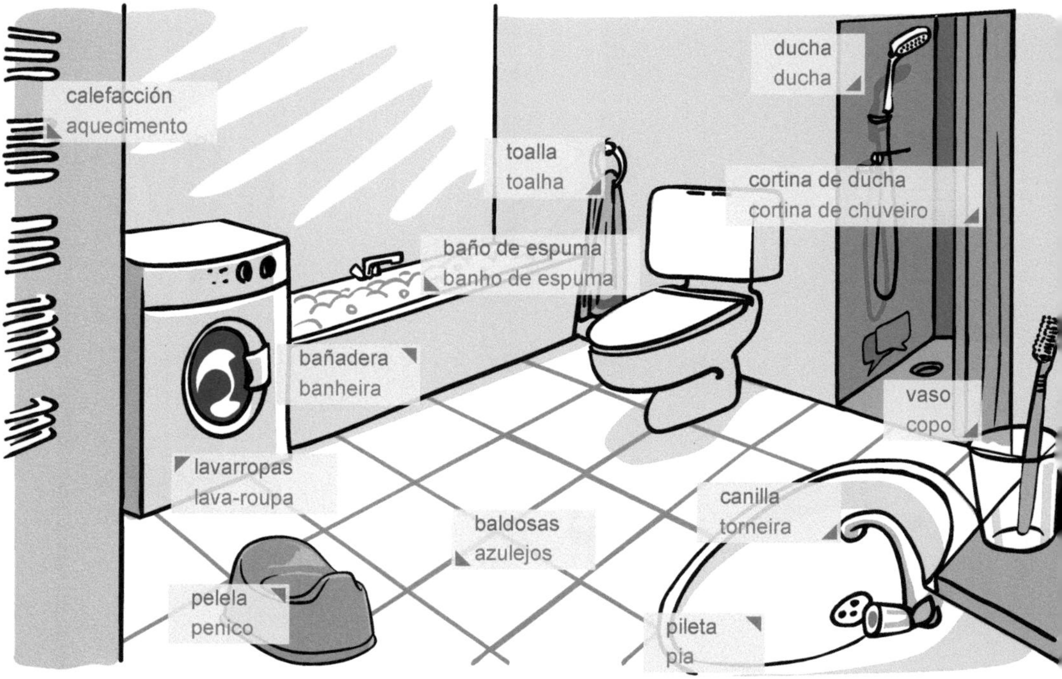

calefacción
aquecimento
ducha
ducha
toalla
toalha
cortina de ducha
cortina de chuveiro
baño de espuma
banho de espuma
bañadera
banheira
vaso
copo
lavarropas
lava-roupa
canilla
torneira
baldosas
azulejos
pelela
penico
pileta
pia

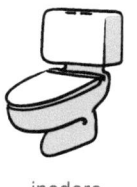

inodoro

vaso sanitário

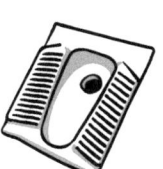

letrina

lavabo de agachar

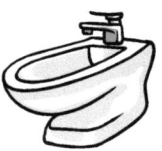

bidé

bidê

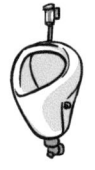

mingitorio

mictório

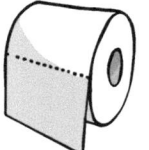

papel higiénico

papel higiênico

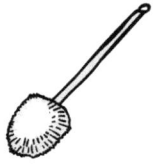

cepillo para el inodoro

escova de privada

cepillo de dientes

escova de dentes

dentífrico

pasta de dentes

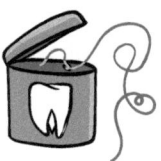

hilo dental

fio dental

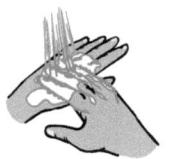

lavar

lavar

ducha de mano

ducha de mão

ducha higiénica

ducha íntima

palangana

bacia

cepillo para espalda

escova para as costas

jabón

sabonete

gel de ducha

gel de banho

shampoo

xampu

toallita

toalha de rosto

desagüe

escoamento

crema

creme

desodorante

desodorante

espejo

espelho

espejito

espelho de mão

maquinita de afeitar

barbeador

espuma de afeitar

espuma de barbear

aftershave

loção pós-barba

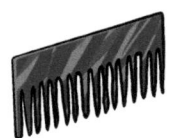

peine

pente

cepillo

escova

secador de pelo

secador de cabelo

spray

spray de cabelo

maquillaje

maquiagem

lápiz de labios

batom

esmalte para uñas

esmalte de unhas

algodón

algodão

tijera para uñas

tesoura para unhas

perfume

perfume

portacosméticos

nécessaire

banqueta

banquinho

balanza

balança

bata

roupão de banho

guantes de goma

luvas de borracha

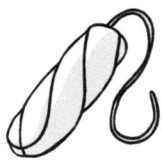

tampón

absorvente interno

toallita femenina

absorvente íntimo

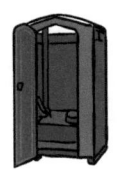

baño químico

banheiro químico

cuarto de los chicos
quarto de criança

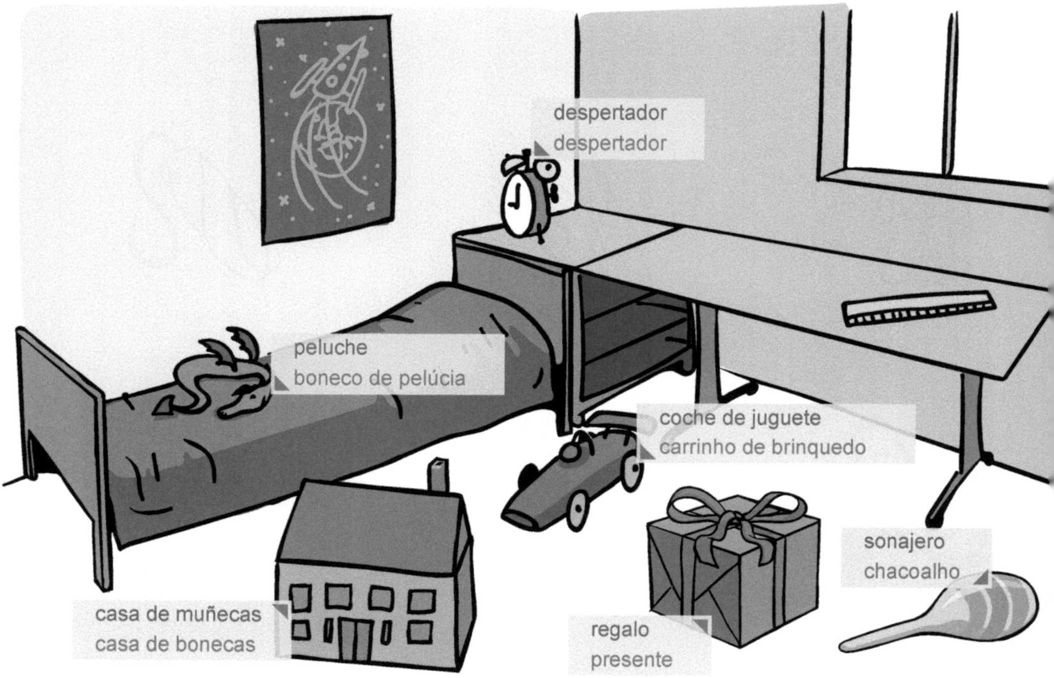
despertador
despertador
peluche
boneco de pelúcia
coche de juguete
carrinho de brinquedo
sonajero
chacoalho
casa de muñecas
casa de bonecas
regalo
presente

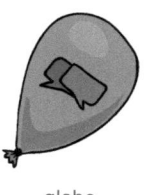

globo
balão

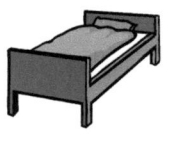

cama
cama

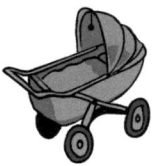

cochecito
carrinho de bebê

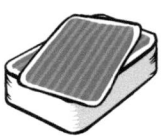

cartas
jogo de cartas

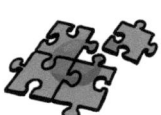

rompecabezas
quebra-cabeças

SUPER
MEGA

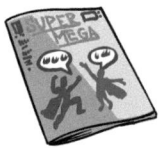

historieta
revista de quadrinhos

piezas de lego

peças de Lego

ladrillos de juguete

blocos de construção

figura de acción

figura de ação

enterito (de bebé)

macaquinho de bebê

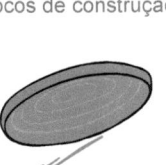

frisbee

frisbee

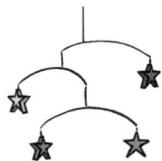

móvil para bebés

móbile para bebé

juego de mesa

jogo de tabuleiro

dados

dados

tren eléctrico

trenzinho elétrico

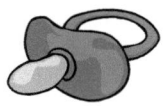

chupete

chupeta

fiesta

festa

libro de cuentos ilustrado

livro ilustrado

pelota

bola

muñeca

boneca

jugar

brincar

arenero
caixa de areia

hamaca
balanço

juguetes
brinquedos

consola de videojuegos
videogame

triciclo
triciclo

osito de peluche
ursinho de pelúcia

armario
guarda-roupa

ropa
vestuário

medias
meias

medias panty
meias pelo joelho

calzas
meias-calças

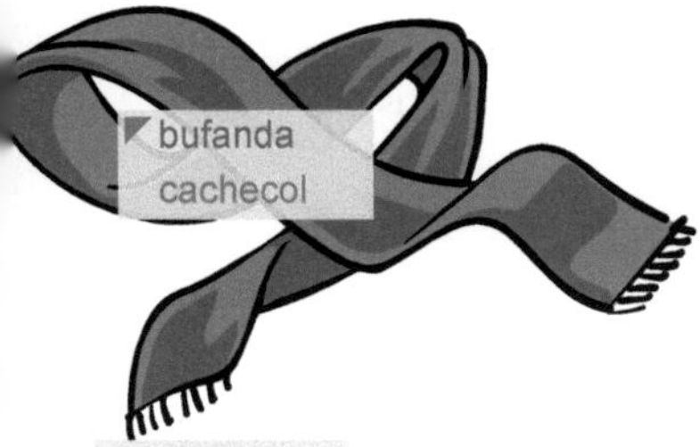

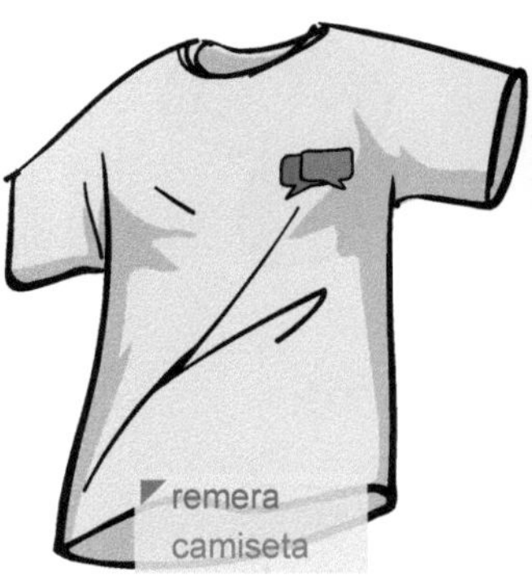

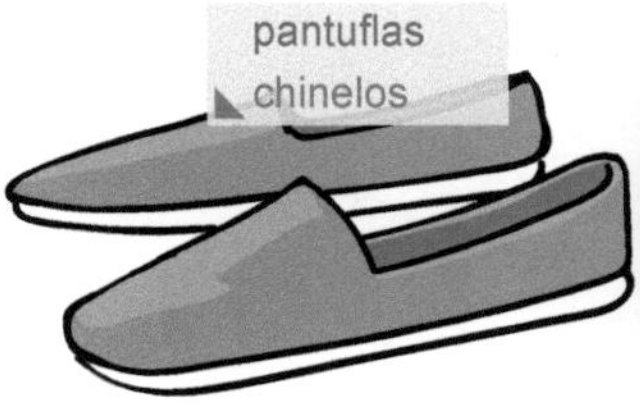

bufanda
cachecol

cinturón
cinto

paraguas
guarda-chuva

remera
camiseta

zapatillas
tênis

botas
botas

pantuflas
chinelos

sandalias
·············
sandálias

zapatos
·············
sapatos

botas de goma
·············
botas de borracha

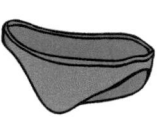

ropa interior
·············
roupa de baixo

corpiño
·············
sutiã

chaleco
·············
camiseta de baixo

body
body

pantalones
calças

jeans
jeans

pollera
saia

blusa
blusa

camisa
camisa

pulóver
pulôver

buzo
suéter com capuz

blazer
blazer

campera
jaqueta

tapado
casaco

piloto
gabardine

traje
traje

vestido
vestido

vestido de novia
vestido de casamento

traje	camisón	pijama
terno	camisola	pijama

sari	pañuelo para cabeza	turbante
sari	lenço de cabeça	turbante

burka	caftán	abaya
burca	cafetã	abaya

traje de baño	short de baño	shorts
maiô	sunga	shorts

jogging	delantal	guantes
roupa de treino	avental	luvas

botón
botão

anteojos
óculos

pulsera
pulseira

collar
colar

anillo
anel

aro
brinco

gorra
boné

percha
cabide

sombrero
chapéu

corbata
gravata

cierre
zíper

casco
capacete

tiradores
suspensórios

uniforme escolar
uniforme escolar

uniforme
uniforme

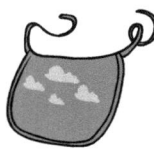

babero

babador

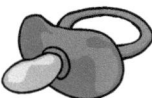

chupete

chupeta

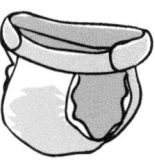

pañal

fralda

oficina

escritório

servidor
servidor
archivero
armário de arquivos
impresora
impressora
papel
papel
monitor
monitor
mouse
mouse
escritorio
escrivaninha
carpeta
pasta
teclado
teclado
tacho (de basura)
cesto de lixo
silla
cadeira
computadora
computador

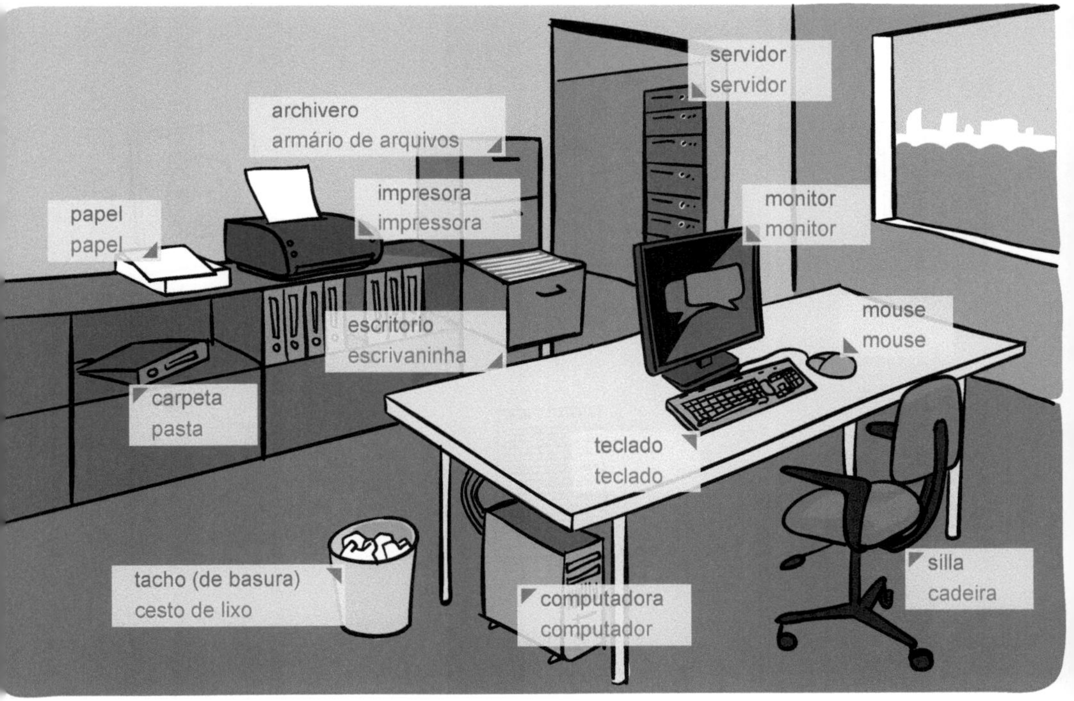

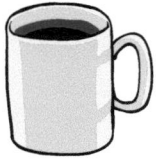

taza de café

xícara de café

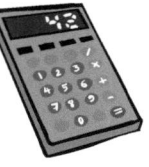

calculadora

calculadora

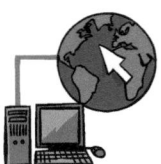

internet

internet

laptop

laptop

carta

carta

mensaje

mensagem

celular

celular

red

rede

fotocopiadora

copiadora

software

software

teléfono

telefone

tomacorriente

tomada

fax

fax

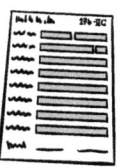

formulario

formulário

documento

documento

comprar

comprar

pagar

pagar

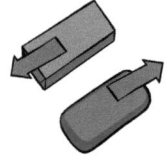

hacer negocios

negociar

dinero

dinheiro

dólar

Dólar

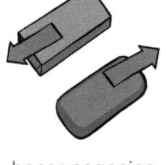

euro

Euro

yen

Yen

rublo

rublo

franco suizo

franco suíço

yuan

renminbi yuan

rupia

rupia

cajero automático

caixa eletrônico

casa de cambio
....
casa de câmbio

oro
....
ouro

plata
....
prata

petróleo
....
petróleo

energía
....
energia

precio
....
preço

contrato
....
contrato

impuesto
....
imposto

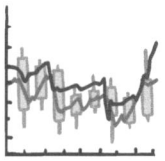

acción
....
ação

trabajar
....
trabalhar

empleado
....
empregado

empleador
....
empregador

fábrica
....
fábrica

negocio
....
loja

ocupaciones
profissões

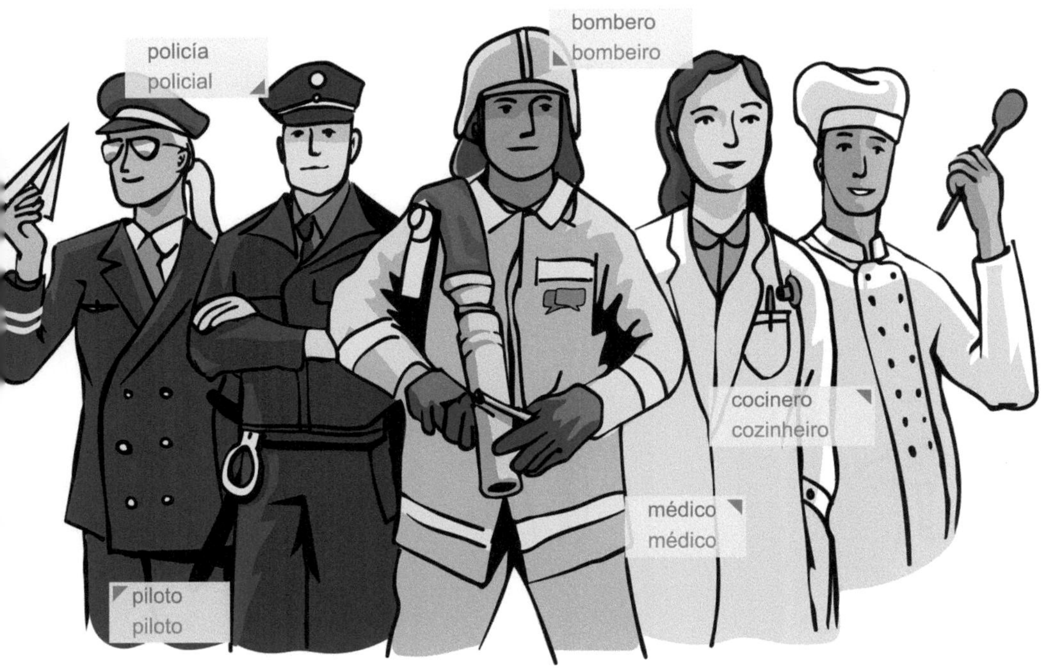

bombero
bombeiro
policía
policial
cocinero
cozinheiro
médico
médico
piloto
piloto

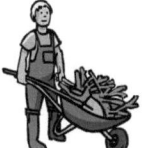

jardinero

jardineiro

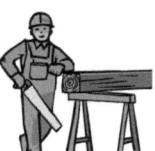

carpintero

marceneiro

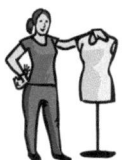

modista

costureira

juez

juiz

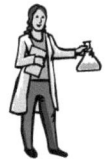

farmacéutico

químico

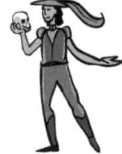

actor

ator

colectivero

motorista de ônibus

taxista

motorista de táxi

pescador

pescador

mucama

faxineira

techista

telhador

mozo

garçom

cazador

caçador

pintor

pintor

panadero

padeiro

electricista

eletricista

albañil

construtor

ingeniero

engenheiro

carnicero

açougueiro

plomero

encanador

cartero

carteiro

soldado

soldado

arquitecto

arquiteto

cajero

caixa

florista

florista

peluquero

cabelereiro

cobrador

condutor

mecánico

mecânico

capitán

capitão

dentista

dentista

científico

cientista

rabino

rabino

imán

imam

monje

monge

sacerdote

pastor

herramientas
ferramentas

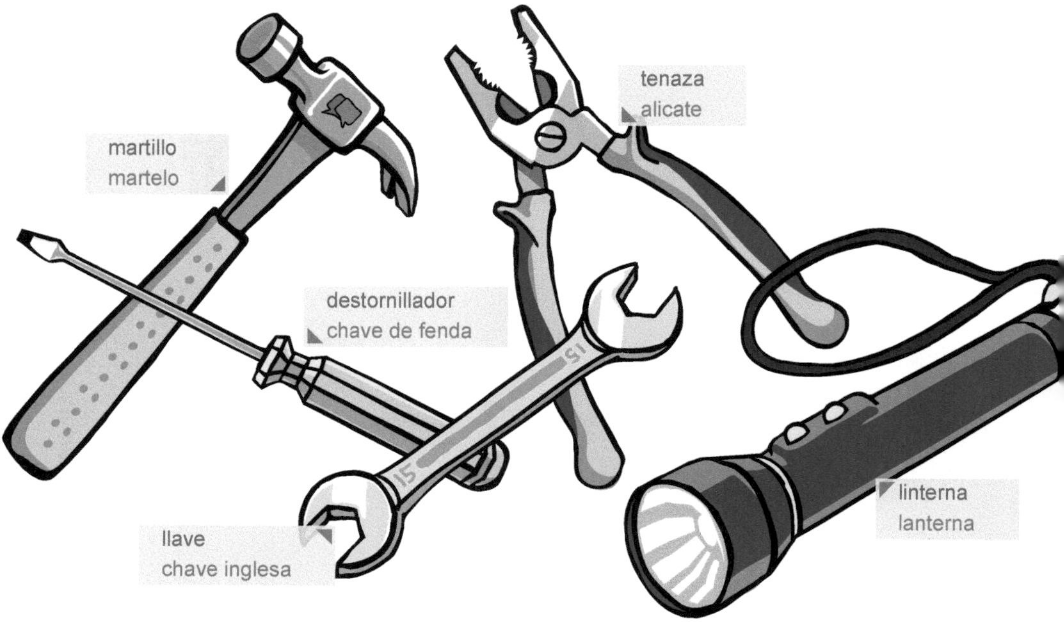
tenaza
alicate
martillo
martelo
destornillador
chave de fenda
linterna
lanterna
llave
chave inglesa

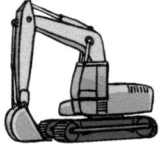

excavadora

escavadora

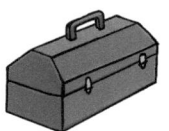

caja de herramientas

caixa de ferramentas

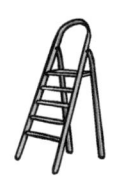

escalera portátil

escada de mão

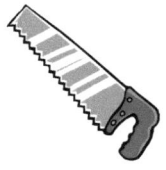

sierra

serra

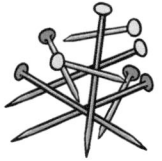

clavos

pregos

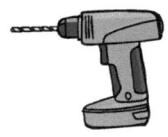

taladro

furadeira

arreglar
....
consertar

pala de jardín
....
pá

¡Qué bronca!
....
Droga!

pala de plástico
....
pá de lixo

tacho de pintura
....
pote de tinta

tornillos
....
parafusos

instrumentos musicales
instrumentos musicais

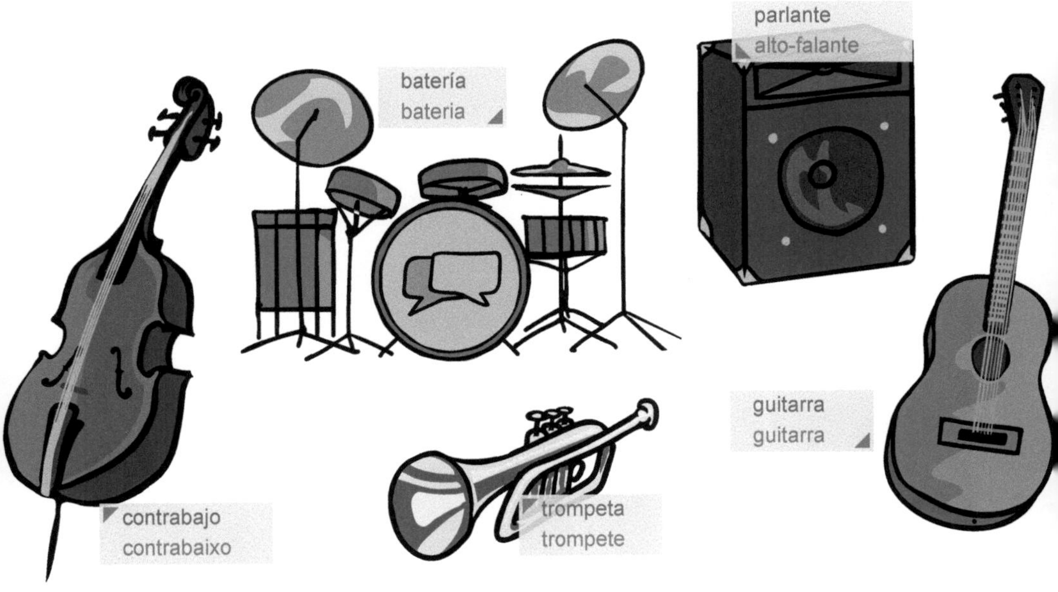

batería
bateria

parlante
alto-falante

guitarra
guitarra

contrabajo
contrabaixo

trompeta
trompete

piano

piano

violín

violino

bajo

baixo

timbales

timbales

tambor

tambor

teclado

teclado

saxofón

saxofone

flauta

flauta

micrófono

microfone

zoológico
zoológico

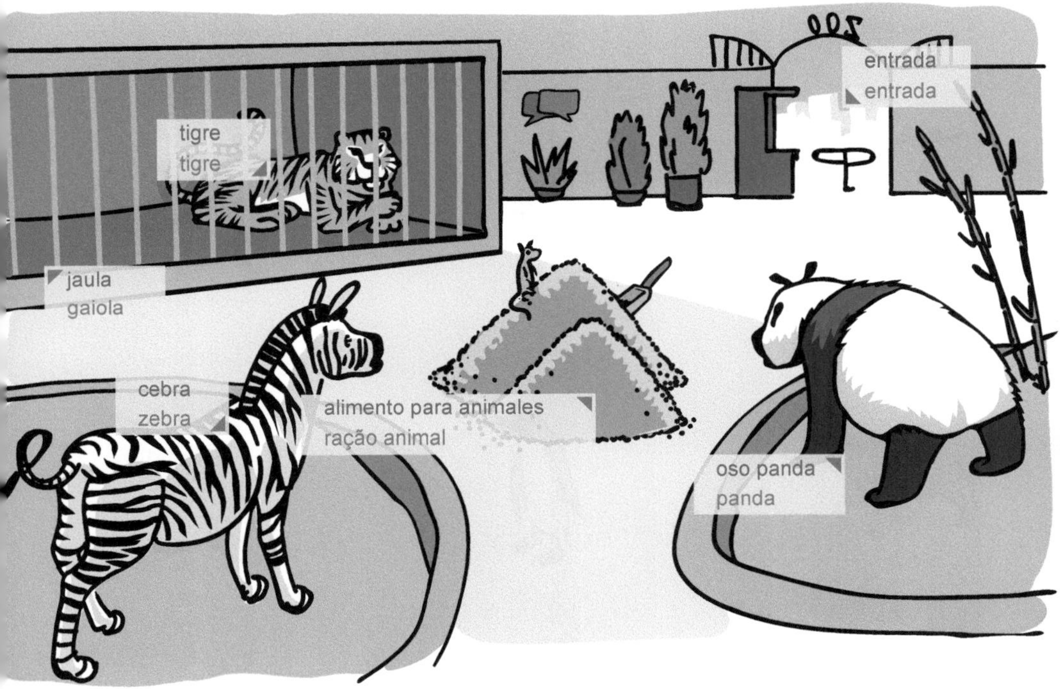
entrada
entrada
tigre
tigre
jaula
gaiola
cebra
zebra
alimento para animales
ração animal
oso panda
panda

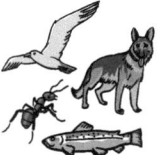

animales
animais

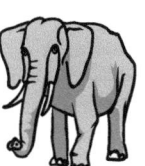

elefante
elefante

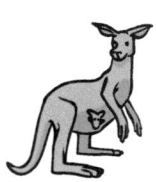

canguro
canguru

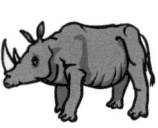

rinoceronte
rinoceronte

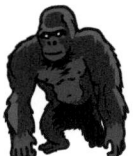

gorila
gorila

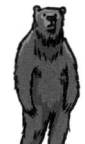

oso
urso

camello

camelo

avestruz

avestruz

león

leão

mono

macaco

flamenco

flamingo

loro

papagaio

oso polar

urso polar

pingüino

pinguim

tiburón

tubarão

pavo real

pavão

serpiente

cobra

cocodrilo

crocodilo

cuidador del zoológico

guarda do zoológico

foca

foca

jaguar

jaguar

poni

pônei

leopardo

leopardo

hipopótamo

hipopótamo

jirafa

girafa

águila

águia

jabalí

javali

pescado

peixe

tortuga

tartaruga

morsa

morsa

zorro

raposa

gacela

gazela

fútbol americano
futebol americano

ciclismo
ciclismo

tenis
tênis

básquet
basquete

natación
natação

boxeo
boxe

hockey sobre hielo
hóquei no gelo

fútbol
futebol

bádminton
badminton

atletismo
atletismo

handball
handebol

esquí
esqui

polo
polo

actividades
atividades

reír
rir
saltar
pular
abrazar
abraçar
caminar
andar
cantar
cantar
soñar
sonhar
rezar
rezar
besar
beijar

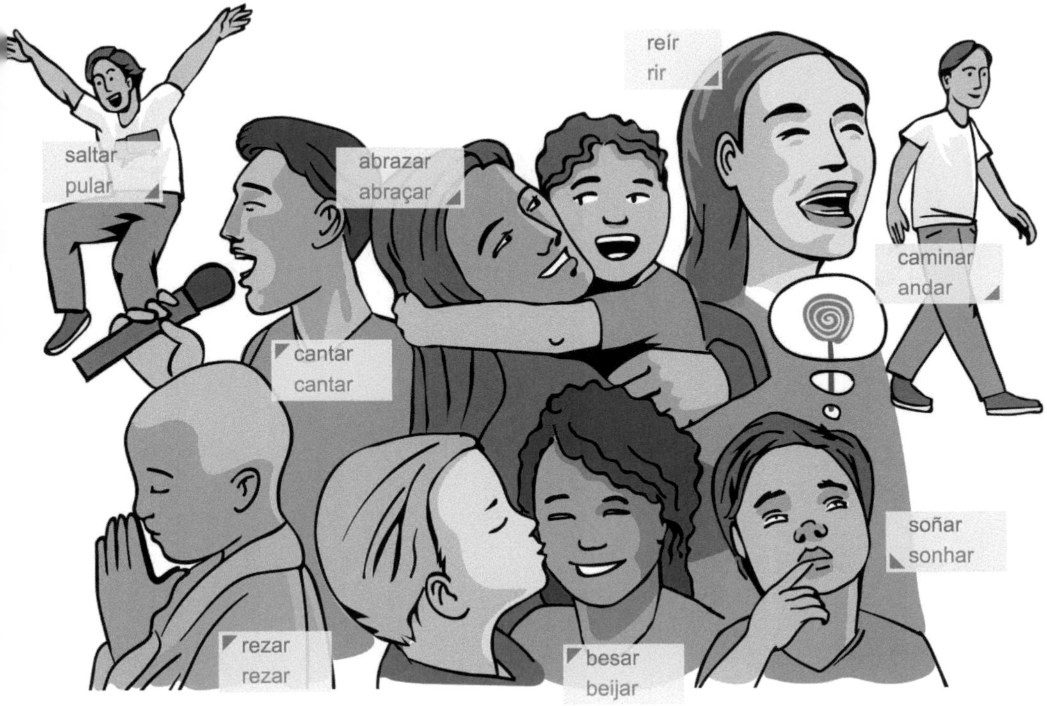

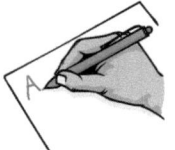

escribir

escrever

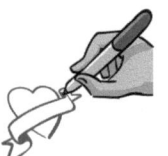

dibujar

desenhar

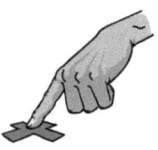

mostrar

mostrar

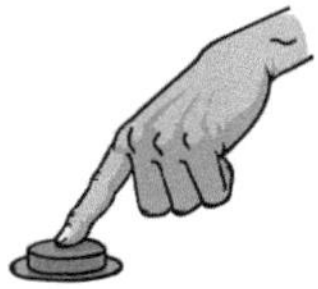

presionar

empurrar

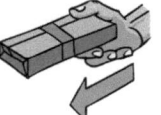

dar

dar

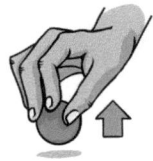

tomar

tomar

tener
....
ter

hacer
....
fazer

ser
....
ser

estar parado
....
ficar de pé

correr
....
correr

tirar
....
puxar

tirar
....
jogar

caer
....
cair

estar acostado
....
deitar

esperar
....
esperar

llevar
....
carregar

estar sentado
....
sentar

vestirse
....
vestir

dormir
....
dormir

despertar
....
despertar

actividades - atividades

mirar
olhar para

llorar
chorar

acariciar
acariciar

peinar
pentear

hablar
falar

entender
entender

preguntar
perguntar

escuchar
ouvir

beber
beber

comer
comer

ordenar
arrumar

amar
amar

cocinar
cozinhar

manejar
dirigir

volar
voar

actividades - atividades

navegar

velejar

calcular

calcular

leer

ler

aprender

aprender

trabajar

trabalhar

casarse

casar

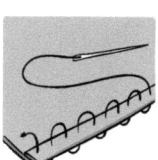

coser

costurar

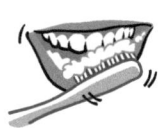

cepillarse los dientes

escovar os dentes

matar

matar

fumar

fumar

enviar

enviar

familia
família

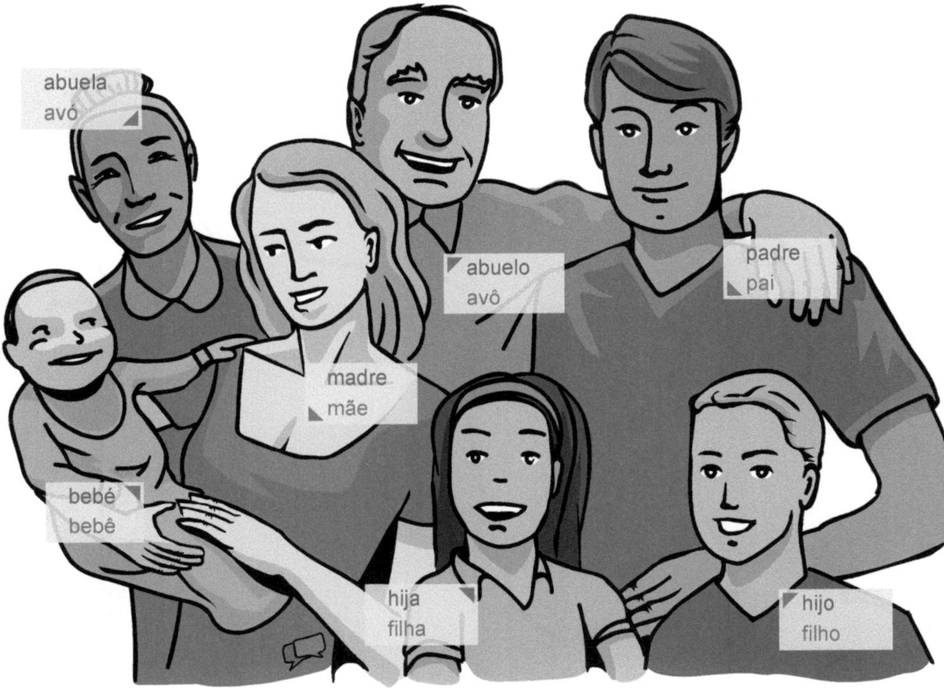
abuela
avó
abuelo
avô
padre
pai
madre
mãe
bebé
bebê
hija
filha
hijo
filho

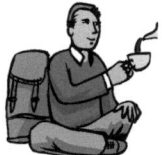

invitado
convidado

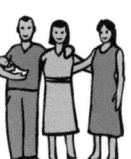

tía
tia

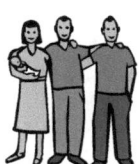

tío
tio

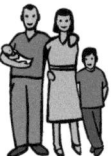

hermano
irmão

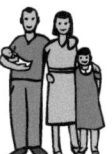

hermana
irmã

cuerpo

corpo

frente
testa
ojo
olho
hombro
ombro
dedo
dedo
cara
rosto
pera
queixo
mano
mão
pierna
perna
pecho
peito
brazo
braço

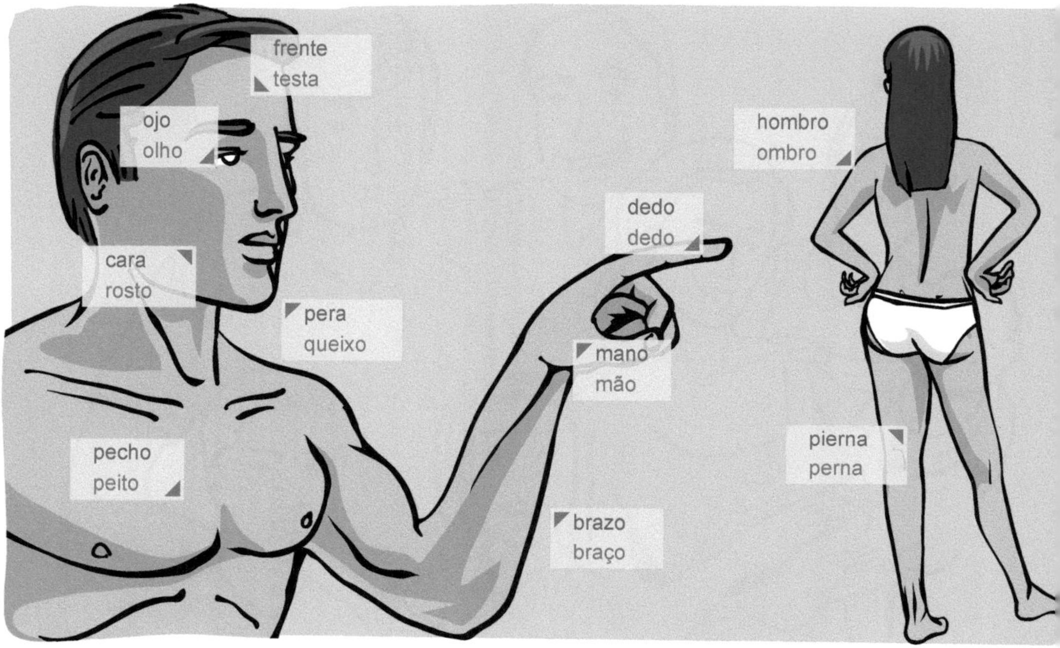

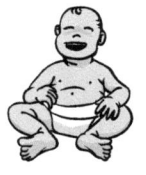

bebé

bebê

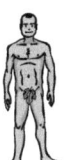

hombre

homem

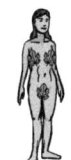

mujer

mulher

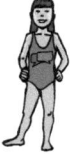

nena

menina

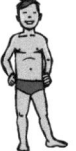

nene

menino

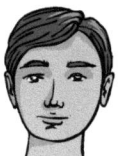

cabeza

cabeça

espalda
costas

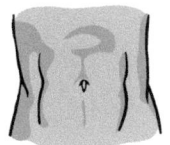

panza
barriga

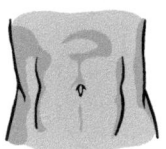

ombligo
umbigo

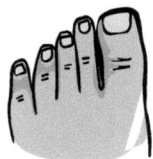

dedo del pie
dedo do pé

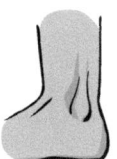

talón
calcanhar

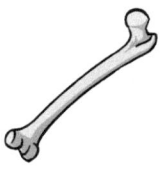

hueso
osso

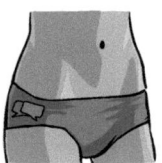

cadera
anca

rodilla
joelho

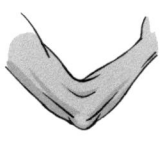

codo
cotovelo

nariz
nariz

cola
nádegas

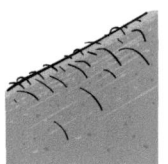

piel
pele

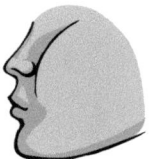

cachete
bochecha

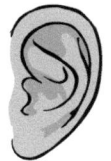

oreja
orelha

labio
lábio

cuerpo - corpo

boca
boca

diente
dente

lengua
língua

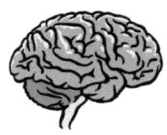

cerebro
cérebro

corazón
coração

músculo
músculo

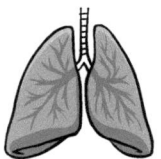

pulmón
pulmão

hígado
fígado

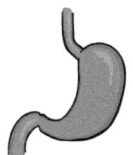

estómago
estômago

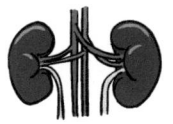

riñones
rins

sexo
relações sexuais

preservativo
preservativo

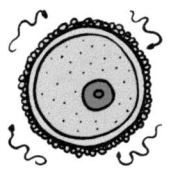

óvulo
óvulo

semen
esperma

embarazo
gravidez

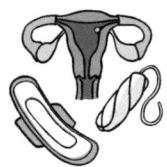

menstruación

menstruação

vagina

vagina

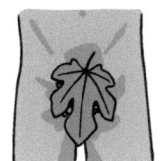

pene

pênis

ceja

sobrancelha

pelo

cabelo

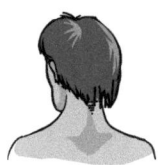

cuello

pescoço

hospital
hospital

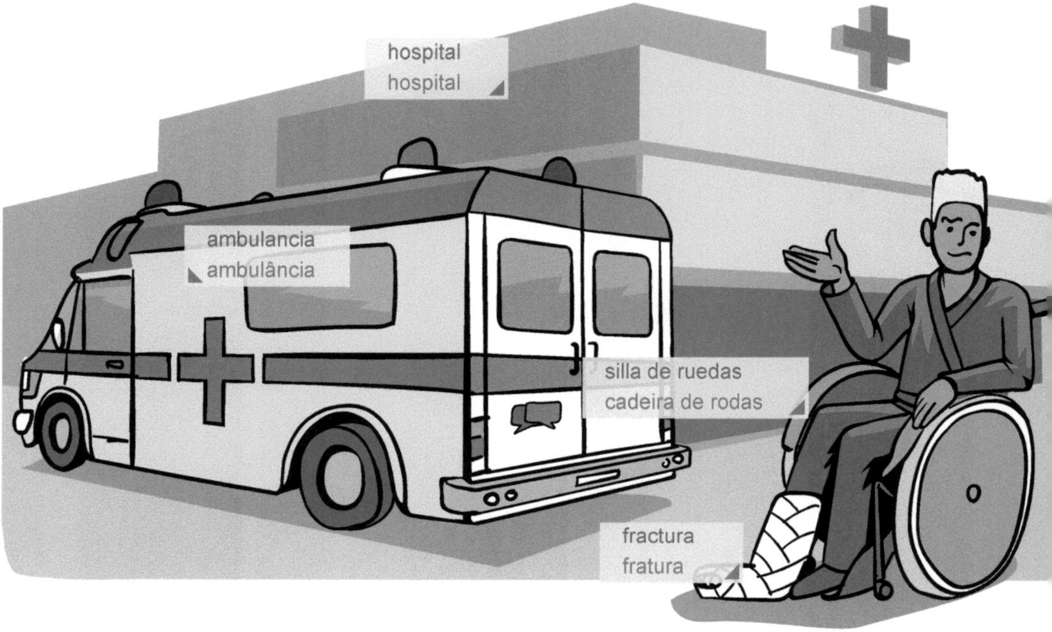

hospital
hospital
ambulancia
ambulância
silla de ruedas
cadeira de rodas
fractura
fratura

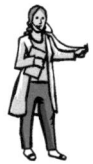

médico

médico

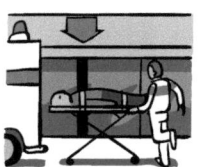

sala de guardia

pronto-socorro

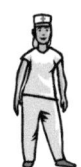

enfermera

enfermeira

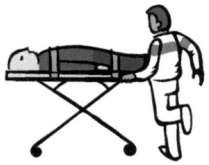

emergencia

emergência

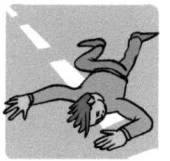

inconsciente

inconsciente

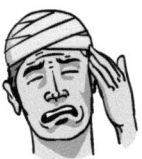

dolor

dor

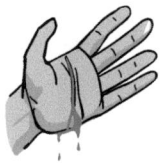

lesión

ferimento

hemorragia

hemorragia

infarto

ataque cardíaco

ACV

acidente vacular cerebral

alergia

alergia

tos

tosse

fiebre

febre

gripe

gripe

diarrea

diarreia

dolor de cabeza

dor de cabeça

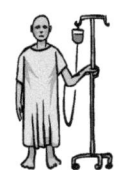

cáncer

câncer

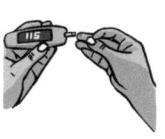

diabetes

diabetes

cirujano

cirurgião

bisturí

bisturi

operación

operação

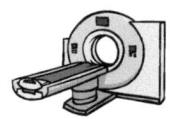

TC
CT

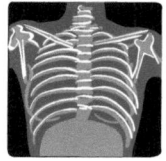

rayos x
raio x

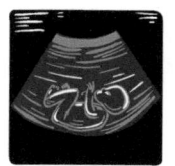

ecografía
ultrassom

barbijo
máscara

enfermedad
doença

sala de espera
sala de espera

muleta
muleta

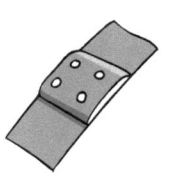

curita
bandeide

venda
ligadura

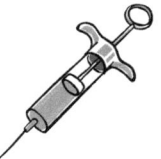

inyección
injeção

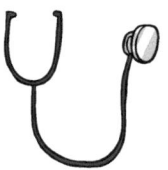

estetoscopio
estetoscópio

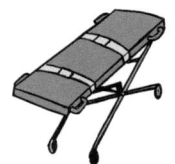

camilla
maca

termómetro
termômetro

nacimiento
nascimento

sobrepeso
excesso de peso

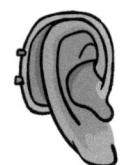

audífono
aparelho auditivo

desinfectante
desinfetante

infección
infecção

virus
vírus

VIH / SIDA
HIV / AIDS

remedio
medicamento

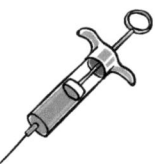

vacunación
vacinação

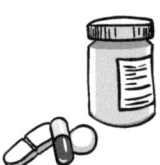

comprimidos
comprimidos

pastilla anticonceptiva
pílula

llamada de emergencia
chamada de emergência

tensiómetro
dispositivo de medição de
pressão arterial

enfermo / sano
doente / saudável

¡Ayuda!	alarma	agresión
Socorro!	alarme	assalto

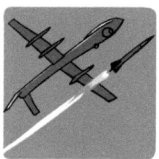

ataque	peligro	salida de emergencia
ataque	perigo	saída de emergência

¡Fuego!	matafuego	accidente
Fogo!	extintor de incêndios	acidente

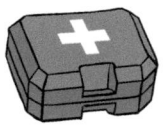

botiquín de primeros auxilios	SOS	policía
maleta de primeiros socorros	SOS	polícia

Europa

Europa

América del Norte

América do Norte

América del Sur

América do Sul

África

África

Asia

Ásia

Australia

Austrália

Atlántico

Atlântico

Pacífico

Pacífico

Océano Índico

Oceano Índico

Océano Antártico

Oceano Antártico

Océano Ártico

Oceano Ártico

polo norte

Polo Norte

polo sur

Polo Sul

Antártida

Antártica

Tierra

Terra

tierra

terra

mar

mar

isla

ilha

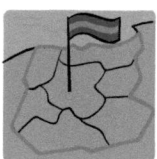

nación

nação

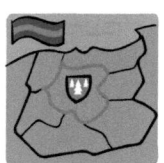

estado

estado

esfera

mostrador do relógio

manecilla de las horas

ponteiro das horas

minutero

ponteiro dos minutos

segundero

ponteiro dos segundos

¿Qué hora es?

Que horas são?

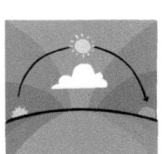

día

dia

hora

tempo

ahora

agora

reloj digital

relógio digital

minuto

minuto

hora

hora

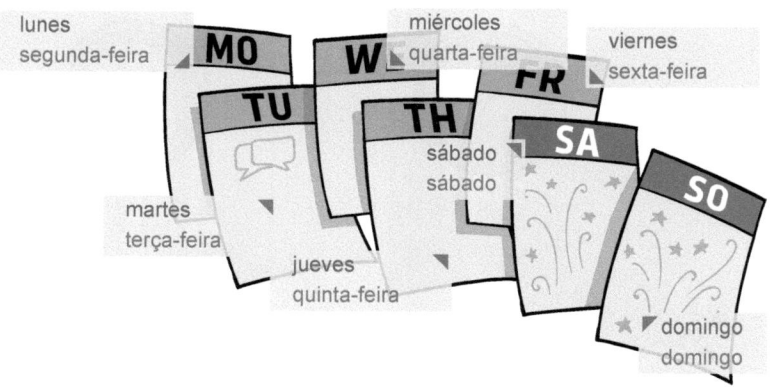

lunes
segunda-feira

miércoles
quarta-feira

viernes
sexta-feira

martes
terça-feira

jueves
quinta-feira

sábado
sábado

domingo
domingo

ayer
ontem

hoy
hoje

mañana
amanhã

mañana
manhã

mediodía
meio-dia

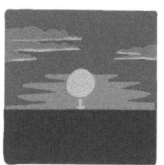

tarde
entardecer

MO	TU	WE	TH	FR	SA	SU
1	2	3	4	5	6	7
8	9	10	11	12	13	14
15	16	17	18	19	20	21
22	23	24	25	26	27	28
29	30	31	1	2	3	4

días hábiles
dias úteis

MO	TU	WE	TH	FR	SA	SU
1	2	3	4	5	6	7
8	9	10	11	12	13	14
15	16	17	18	19	20	21
22	23	24	25	26	27	28
29	30	31	1	2	3	4

fin de semana
fim de semana

año

ano

lluvia
chuva
arco iris
arco-íris
nieve
neve
viento
vento
primavera
primavera
otoño
outono
verano
verão
invierno
inverno

4.APRIL 11°
5.APRIL 4°
6.APRIL 13°
7.APRIL 8°
8.APRIL 10°

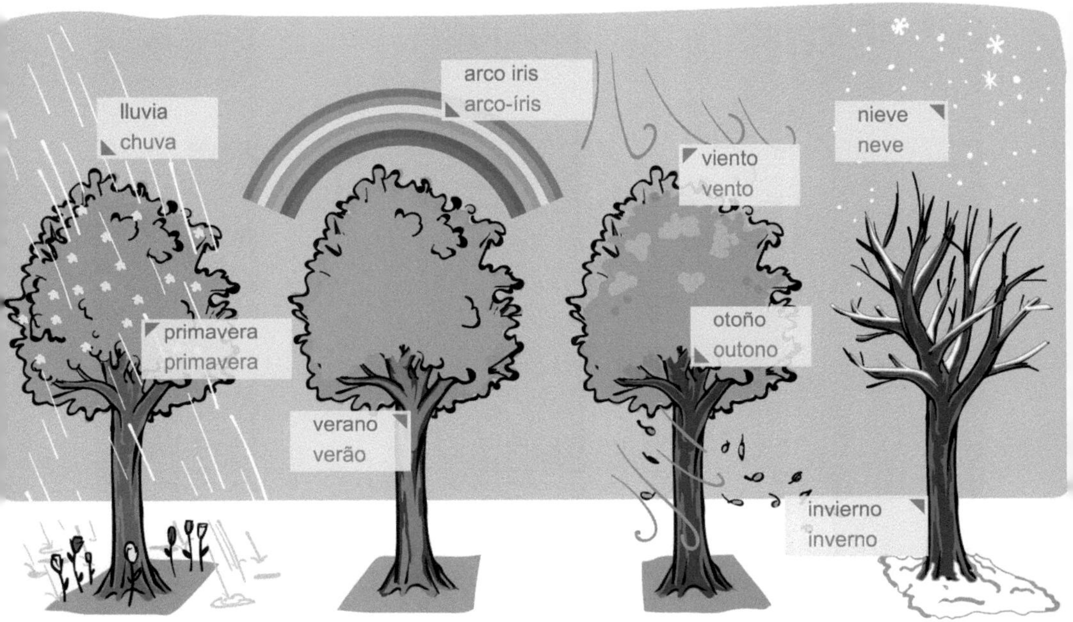

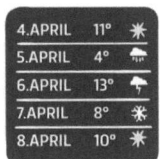

pronóstico meteorológico

previsão do tempo

F
C
120
90
60
30
0
-30
40
30
20
10
0
-10
-20

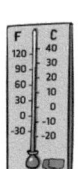

termómetro

termômetro

luz del sol

raio de sol

nube

nuvem

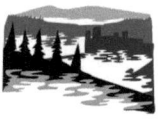

niebla

neblina / nevoeiro

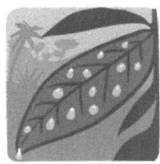

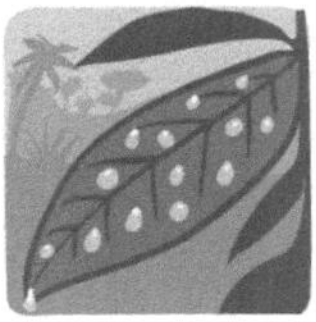

humedad

umidade do ar

rayo
relâmpago

trueno
trovão

tormenta
tempestade

granizo
granizo

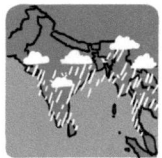

monzón
monção

inundación
inundação

hielo
gelo

enero
janeiro

febrero
fevereiro

marzo
março

abril
abril

mayo
maio

junio
junho

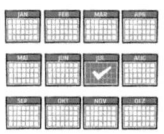

julio
julho

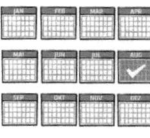

agosto
agosto

año - ano

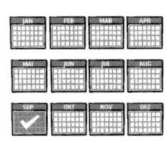

septiembre
....
setembro

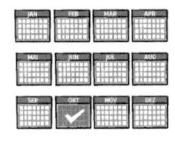

octubre
....
outubro

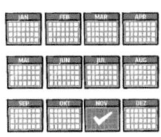

noviembre
....
novembro

diciembre
....
dezembro

círculo
....
círculo

cuadrado
....
quadrado

rectángulo
....
retângulo

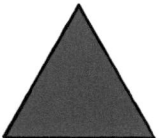

triángulo
....
triângulo

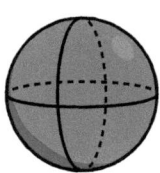

esfera
....
esfera

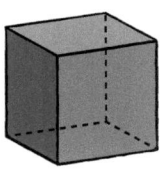

cubo
....
cubo

colores

cores

blanco

branco

amarillo

amarelo

naranja

laranja

rosa

rosa

rojo

vermelho

violeta

lilás

azul

azul

verde

verde

marrón

marrom

gris

cinza

negro

preto

mucho / poco

muito / pouco

enojado / tranquilo

furioso / tranquilo

lindo / feo

lindo / feio

principio / fin

começo / fim

grande / chico

grande / pequeno

claro / oscuro

claro / escuro

hermano / hermana

irmão / irmã

limpio / sucio

limpo / sujo

completo / incompleto

completo / incompleto

día / noche

dia / noite

muerto / vivo

morto / vivo

ancho / angosto

largo / estreito

comestible / no comestible

comestível / não comestível

malo / amable

mau / gentil

entusiasmado / aburrido

entusiasmado / entediado

gordo / flaco

gordo / magro

primero / último

primeiro / último

amigo / enemigo

amigo / inimigo

lleno / vacío

cheio / vazio

duro / blando

duro / macio

pesado / liviano

pesado / leve

hambre / sed

fome / sede

enfermo / sano

doente / saudável

ilegal / legal

ilegal / legal

inteligente / estúpido

inteligente / idiota

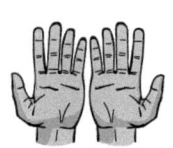

izquierda / derecha

esquerda / direita

cerca / lejos

perto / longe

nuevo / usado

novo / usado

nada / algo

nada / alguma coisa

viejo / joven

velho / jovem

encendido / apagado

ligado / desligado

abierto / cerrado

aberto / fechado

silencioso / ruidoso

baixo / alto

rico / pobre

rico / pobre

correcto / incorrecto

certo / errado

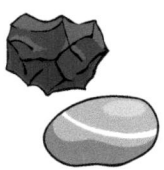

áspero / suave

áspero / liso

triste / contento

triste / feliz

corto / largo

curto / longo

lento / rápido

lento / rápido

mojado / seco

molhado / seco

caliente / frío

ameno / fresco

guerra / paz

guerra / paz

0

cero

zero

1

uno

um

2

dos

dois

3

tres

três

4

cuatro

quatro

5

cinco

cinco

6

seis

seis

7

siete

sete

8

ocho

oito

9

nueve

nove

10

diez

dez

11

once

onze

12

doce
doze

13

trece
treze

14

catorce
quatorze

15

quince
quinze

16

dieciséis
dezesseis

17

diecisiete
dezessete

18

dieciocho
dezoito

19

diecinueve
dezenove

20

veinte
vinte

100

cien
cem

1.000

mil
mil

1.000.000

millón
milhão

números - números

inglés

inglês

inglés americano

inglês americano

chino mandarín

chinês mandarim

hindi

hindi

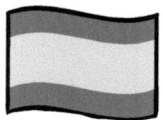

español

espanhol

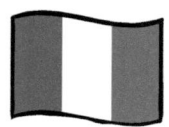

francés

francês

árabe

árabe

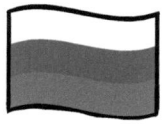

ruso

russo

portugués

português

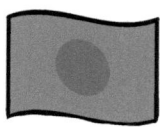

bengalí

bengalês

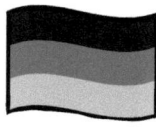

alemán

alemão

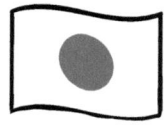

japonés

japonês

yo

eu

vos

você

él / ella

ele / ela

nosotros

nós

ustedes

vocês

ellos

eles / elas

¿quién?

quem?

¿qué?

O quê?

¿cómo?

como?

¿dónde?

onde?

¿cuándo?

Quando?

nombre

nome

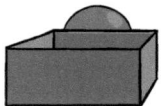

detrás
....
atrás

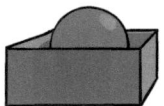

en
....
em

adelante de
....
na frente de

por encima de
....
sobre

sobre
....
em cima

debajo de
....
debaixo

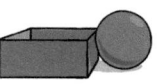

al lado de
....
do lado

entre
....
entre

lugar
....
lugar